JN439245

사랑의 노래

배종선 시집

계간문예

사랑의 노래

| 시인의 말 |

오십견을 심하게 앓던 어느 추운 겨울날 마구 쏟아지는 시심에 자신도 놀라며, 시인지 아닌지도 모를 글을 끄적거릴 때 시가 나에게 찾아왔다. 그 후 나름대로 시와 동시 사이의 쉬운 내용으로 시를 쓰겠다는 목표를 정해 쓰기 시작한 늦깎이 시 쓰기가 어느덧 십여 년의 세월이 흘렀다.

남이 가지 않은 새로운 길을 내며 헤쳐나가고 남이 하지 않은 새로운 발상으로 시를 써야 한다는 부담이 항상 머릿속에 잠재해 있다. 마음은 하루에도 지구를 여러 바퀴 돌고, 상상의 날개는 하룻밤에도 반도를 종횡으로 누비지만 여전히 내 생각은 짧다.

내로라하는 유명 시인들이 "나는 아직도 시가 무엇인지 모른다." "나의 시는 시가 아니다."라고 하는 말을 들었던 기억과 "완벽한 시집을 내겠다고 망설이면 평생 못 낸다."라는 선배님들의 격려로 용기를 내어 두 번째 시집을 낸다.

이제 하나의 장을 매듭짓고 또 다른 출발을 다짐하며 이 졸작을 세상에 내어놓는다. 앞으로도 잊혀 가는 모든 것에 애정을 가지고 아름다운 자연과 처절한 자기 성찰 그리고 바다

향기 나는 고향, 어머니와 예수님의 사랑을 노래하고 싶다.

항상 지켜봐 주시고 섬세한 조언과 격려를 아끼지 않으신 김창환 시인님과 차윤옥 편집주간님, 낙원시사 시우들께 감사드립니다. 시 쓰기에 의기소침해질 때마다 힘을 실어준 아내와 머리가 희끗희끗한 동생들인 우리를 끝까지 참고 기다리며 배려해 주시는 누님께 감사드립니다.

2020년 12월 잠실나루에서

松韻 배종선

■ 차례

제2부 사랑 연습

제3부 바람의 아들

제4부 소리없는 악기

제5부 사랑의 노래

제1부

당신을 향한 노래

나팔꽃
— 심수관의 도자기

아침마다 눈을 뜨면
고국의 하늘 바라보며
고향을 부르는 입들이 있다

울타리 타고 올라가 고향 바라보아도
해무만 피어올라 가슴 적신다
미야마 언덕은 오래 살아도 낯설다
현해탄 너머 조국 하늘에 아로새긴
망향 노래 바람 타고 끝없이 출렁인다

해풍 속 농익은 도공의 도자기
그리움 감고 올라 보랏빛 나팔꽃 피었다
기다림 줄기 뻗어 자줏빛 나팔꽃 피었다

단추

단추 채우는 것 속박 같아
모두 열어젖히고
겨드랑이에 책가방 끼고
팔자걸음 걷는 것이
멋있어 보이던 시절이 있었다

생맥주 한잔 걸친
만원 버스 퇴근길
집에 와서 보니 양복 속주머니
예리한 칼날에 찢겨 있었다
아아 술 냄새 하며 앞을 지나가던
중년 여인이 생각났다

채워야 할 단추를 채우지 않아
내 삶에서 빠져나간 것이 많다

이슬

하늘이 땅을 사랑하여
대지에 내려준 선물
세상에서 가장 아름다운
사랑의 물방울이다

풀잎에 맺혀 있는 이슬이라고
창가에 맺혀 있는 이슬이라고
해가 뜨면 곧 사라진다고
결코 하찮은 것 아니다

그 조그만 물방울 속에는
무한한 생명의 신비 감추어져 있다
대지에 생명 잉태하게 하고
우리를 세상에 태어나게 한
생명의 물방울이다

우리의 혈맥에 생명수 흘려보내
육신과 영혼 살리는
저 빛나는 사랑의 물방울
다시 한번 경이로운 눈으로 바라본다

방천물에서
— 석화石花

가슴에 품었던 사랑의 씨앗
바닷속 돌부리에 뿌려져
밀물 썰물의 유혹 떨쳐내고
한 송이 작은 돌꽃 피어났다

거센 바람 험한 파도 이겨내고
불볕더위 모진 추위 견디어 내며
열매 맺어낸 암팡진 돌꽃

좁은 가슴 짜내서 자식들 키우고
마른 옆구리 저미어 살찌게 하고
마음 방울 흔들어 사랑을 심어 주었다

가진 것 모두 다 아낌없이 퍼주고
말없이 우리 곁 떠난 석화
동네 어귀 하얀 패총으로 남아
아름답게 피어있는 어머니 꽃

경계

하늘과 땅과 바다가 생겨날 때
경계가 있었더냐
빛과 소리 경계가 없듯이

인간의 이기가 만들어 낸
선으로 인해
얼마나 많은 생명
고통에 잠겨 있느냐

보이지 않는 선
탐심이 만들어낸 비교의 선
스스로 쌓아 올린 울타리에 갇혀
한 발짝도 벗어나지 못하며
나락으로 곤두박질하는 인간

마음의 선을 없앨 수 없나
욕심의 무게 없는 빛과 소리처럼
자신의 무게 줄여 자유로운 새들처럼

얼마나 버려야

나를 버리려고
날마다 강과 산 헤매고 다닌다

어제는 북한강에 가서
머릿속의 삿된 잡념 흘려보냈고
오늘은 남한강에 가서
심장의 탁한 열기 흘려보낸다

북한산에 가서는
배낭 속 욕심으로 가득 찬 텐트 날려 보냈고
남한산에 가서는
뱃속 가득한 오탁의 오장육부 시원하게 비우고 왔다

집으로 돌아오면
어느새 버릴 것 비울 것 가득 차 있다

얼마나 더 버려야 버릴 것이 없을까요
얼마나 더 비워야 비울 것이 없을까요
이 낡고 쓸모없는 육신까지 버려야
비울 것이 없을까요

한 발짝 늦은

오색 단풍 채 눈에 담기도 전에
옷장의 가을옷 채 꺼내 입기도 전에
겨울은 가을을 몰고 갔다

사랑을 다 표현하기도 전에
자식은 훌쩍 커버렸고
애정을 다 드러내기도 전에
그녀는 저만큼 멀어졌으며
우정을 다 보여주기도 전에
친구는 멀리 떠나갔다

한 발짝 늦은 나의 망설임과
우유부단함의 산물들……

돌이킴이 채 끝나기도 전에
내 님 나를 부르실까 봐 겁난다

당신을 향한 노래

당신을 향한 나의 노래
끝이 없습니다

부를수록 벅찬 노래
부르기만 하면 바람이 되는 노래
막힌 담이 무너지고
답답한 속 후련해지는
당신을 향한 노래

세상 속에서 오염된 머리
삿된 욕심으로 터지기 직전의 심장
교만으로 굳어져 버린 목덜미
치유와 회복이 시급한 가슴
당신을 갈구하는 노래로 인해
거친 나의 목소리도 당신에겐
아름다운 화음으로 들릴 것을 확신합니다

나의 노래를 반기며
두 팔을 활짝 펼치고 나를 받아 줄

당신을 향한 사랑의 노래는
오늘도 끝이 없습니다

신발

앞만 보고 걸어가며
뒷걸음질 치지 않으려는 나

험한 산길도
굴곡진 자갈길도
한 걸음 앞서 함께하던 당신

당신이 그토록 말리던
진흙탕 길 흙먼지 길도
마음대로 갔던 적이 많았다

육중한 나의 몸 지탱해주고
뒤뚱거리는 걸음걸이
힘겹게 참아내며 따라준
당신은 여전히 나의 동반자이다

꽃비 1

삼동의 추위
말없이 견디다가

햇살의 손짓 아래
혼신의 힘 다해
클라이맥스 연출한 너

오늘은
자신을 바람에 맡기고
나를 보며 한마디 한다

천년만년 살 것처럼
이것저것 모두
붙잡으려 하지 마

별것 아니야

문신

아삼륙 친구
문신을 해 본 적이 있느냐고 물었다

내 몸에는 수없이 많은 문신이 있다
암청색 자주색 검은색 초록색
다양한 색깔 출처 없는 문양
아랍 문양인지 몽골 문양인지
알 수 없는 동물 모양 식물 모양
꿈속에서나 보았던 청승맞은 모양
문양이 온몸에 텃새처럼 자리 잡고 있다

과거를 새긴 것인지
미래를 새긴 것인지
기쁨을 새긴 것인지
슬픔을 새긴 것인지
아니면 마음에 새겨진 상처
그림으로 보여준 것인지
샤워할 때마다 거친 이태리타월로

빡빡 문질러 보지만 떠날 생각이 없다
알 수 없는 많은 문신
누가 내 몸에 새겼는지
무슨 연유로 새겼는지
나는 아직도 알지 못한다

사막 여행

나는 사막 여행이 좋다
앞으로 넘어져도 콧등 깨질 염려가 없고
뒤로 넘어져도 뇌진탕 걸릴 염려가 없다
고운 모래가 가슴으로 포근히 안아주니
어린 시절 엄마 품처럼 편안하다

외로우면 어디선가 바람이 다가와
금빛 가루 날리며 춤을 춰주고
웅장한 저음 더블베이스 연주하며
우아한 노래 불러 지친 나를 위로해 준다

모래 언덕에 잘 못 그린 그림
지우개로 지워주고
갈지자 버둥거린 발자국도
살며시 지워준다

한결같이 나의 잘못 감싸주며
참고 기다리기를 마다치 아니하는
내 아버지와 똑같다

귀뚜라미

너는 무슨 허물 있기에
환한 빛으로 나오지 못하고
음습한 어두운 길로 다니니

너는 무슨 사연 있기에
웃으며 살아도 짧은 세상에
슬픈 노래만 부르며 다니니

가을밤마다 들려오는
서글픈 너의 노랫소리
많은 사람 어깨 늘어뜨리고
고개 숙이고 다니는 것 너는 아니

이제는
어두움 박차고 빛으로 나와
활짝 핀 얼굴로
환희의 송가 힘차게 불러다오

첫눈

하얀 종이에
하얀 글씨로
하얀 봉투에
하얀 우표를 붙여
편지를 보내는 분이 있다

여러 말 하지 않겠다
그저
하얀 마음으로만
살기 바란다

주소도 이름도 안 쓰고
매년 편지를 보내는 분
누구일까

제2부

사랑 연습

야생화

아스팔트 틈새 뿌리내려
꽃 피운 외로운 꽃

바라볼 사람 없어도
돌봐줄 사람 없어도
철 따라 피어나는
너는 야생화

식구 많아 입을 덜기 위해서였나
배우고 싶어도 배움 길 중단하고
아직도 사랑받아야 할 시기
열다섯 붉은 볼 앳된 나이
허허벌판에 던져진 꽃

빌딩 숲 그늘 아래서
콘크리트 뒷골목에서
먼지 밭 감질난 비에 목 축이며
끈질기게 뿌리내려 싹 올리고
무지갯빛 꽃으로 활짝 피어난
너는 야생화

커피

쓰디쓴 커피가 말한다
인생이 넘어서야 할 길
결코 달지만 않다고 얘기한다

스리랑카 고산지대
아기 등에 업고 커피 열매 따던
파리한 아낙 거친 손이 눈에 밟힌다

괭이 박힌 손의 땀과 눈물
커피콩에 고스란히 녹아들어
한 잔 커피로 내 앞에 놓였다

커피를 마시며 나는
쓴맛을 단맛으로 느끼도록
자신을 연단시키고 있다

소나기

살진
소를 타고
저 들판 지날 것이냐

힘센
나귀를 타고
저 산 넘을 것이냐

다리 긴
기린을 타고
저 강 건널 것이냐

나의 끝없는 님을 향한
바라기 본능 감출 수 없다

소나기 흠뻑 내린 날엔
남녘 하늘에 당신이 그려놓은
언약의 증표 바라보고 싶다

입동

입동이
마을 이장되어 외치고 다닌다

아지랑이 피어오르는 계절
새싹 보고 꽃향기 맡으며
봄바람에 싱숭생숭 들떴던 마음
함지박에 담아 정리하세요

찌는 듯한 무더위
두 말 서 말 비지땀 흘리며
축 늘어진 어깨 추켜올리고
엿가락처럼 녹아내린 마음
소쿠리에 담아 추스르세요

화려한 단풍에 취해
벌어진 입을 다시 다물고
우울함으로 가을 탔다면
뒹구는 낙엽 사이 실어 보내고
풍성한 결실만 광주리에 담으세요

계절 변화 아름다움도 잊고
쉴 새 없이 수고한 농부님
따뜻한 아랫목에서 피로를 풀고
검게 탄 얼굴도 마사지해주며
다가올 새해 위해 준비하세요

벚꽃

하얀 치마
연분홍빛 저고리
곱다랗게 차려입고
온기 품은 남녘 바람 타고
봄을 몰고 오신 우리들의 어머니

넓은 세상 나들이하고
자손들 사는 모습 궁금하여
살며시 지상에 내려오신
딸 바보 아들 바보 우리들의 어머니

우리를 이 땅에 우뚝 서게 하신
세상의 모든 어머니

장맛비

오호라
하늘이 화났나
그칠 줄 모르는 장대비
넓은 등짝으로 햇빛을 가리고
수직선 그리며 과녁 향하는 듯
지구 향해 거침없이 쏟아붓는 물 화살
땅 위의 만물에 사정없이 꽂히네요

오호라
하늘댐 터졌나
멈출 줄 모르는 장맛비
음산한 얼굴로 대지 노려보며
백만대군 화살 표적을 노리는 듯
산을 무너뜨려 바위 굴리고
계곡물 큰물 되어 들판 잠기네요

자연을 업수이여긴 우리
애처로이 바라보며
흘리는 하늘의 눈물인가요

족저근막염

어느 어둑새벽
잠에서 깨어나기 전
침대 발치에서
두런두런 이야기 소리 들린다

당신이 나를 생각해준 적이 있어
당신이 나를 귀하게 여긴 적이 있어
분명히 아내 잠꼬대인 것 같다
눈을 살며시 뜨고 살펴보니
방바닥 라텍스 매트에서 잠자는 아내
가볍게 코 골며 여전히 자고 있다

정신 차리고 보니 두런거리는 소리
발이 나에게 하는 소리인 것을 알았다
한 번도 발을 귀하게 여기지 못한 것도 맞고
발이 하는 모든 일 당연한 것으로만 여겼던
지나간 일들 빠르게 뇌리를 스쳐 간다

다 해진 낡은 타월

더럽고 거친 것으로만 너를 닦고
멋없는 큰 발 작게 보이려고 볼 좁은 신발 신고
너를 힘들게 했던 일

네가 가기 싫어했고
가지 말았어야 할 곳도 가리지 않고
너를 끌고 다니며
내 욕심대로 너를 혹사했구나

발아 미안하다
정말 미안하다

사랑 연습

나를 만날 때마다
사랑하라고 말하는 당신

사랑을 한다면서 살아왔지만
윤곽만 보이는 착시현상이었다
제대로 사랑한 적이 없다

가슴으로 사랑해야 한다는데
머리로는 물론
입으로조차도 못했다

요즈음은 날 보고
용서하라고 말한다
사랑도 못 해봤는데
어찌 용서까지 할 수 있을까

지금이라도
사랑하는 연습부터 해야겠다
그 앞에 섰을 때 용서받으려면

어머니

오세요
어머니
오월이에요
어머니 좋아하시던
수국 사방에 피었네요

대낮이 너무 밝아 눈이 부시면
보름달 풍선 창공에 띄워 타고
오늘 밤에 오세요

보름달이 너무 밝아
헤라의 질투 염려되면
그믐달 조각배 하늘에 띄워 타고
어두운 밤에 오세요

대문 방문 모두 열어놓고
기다릴게요
꿈속에서도 자지 않고
기다릴게요

미안합니다

세 치도 안 되는 나의 혀
혀 짧아 어눌한 말을 했던 나
불현듯 생각이 스치어 간다

날카로운 내 혀가
예리한 검이 되어
얼마나 많은 사람
가슴을 후벼팠던가
말릴 수 없는 망나니 검이 되어
얼마나 많은 주변인의 목을 후려쳤던가

날카로운 내 혀가
수천 도의 불꽃 되어
얼마나 많은 사람
마음 밭을 불태웠던가

미안합니다
미안합니다
빗나간 나의 혀로 인해

상처 받은 수많은 사람들이여
정말 미안합니다

뿔

머리에 뿔이 자라나
어울리지 않은 장발로
뿔을 가리려고 애썼고
머리카락 비집고 나온 뿔로 인해
모자를 벗지 못했던 시기가 있었다

염소나 황소의 머리에 뿔이 있고
도깨비 머리에 뿔이 있다는
전해오는 이야기는 들었지만
내 머리에 뿔이 솟아날 줄은
꿈에도 생각하지 못했다

낯바닥에 주름 골 생기고
어깨 굽어 힘이 빠져나가니
슬그머니 자취를 감추었다

그것은 내 아집의 뿔이었나
그것은 내 교만의 뿔이었나

노을

어둑새벽 구름 타고 내려와
동녘 하늘 붉게 칠하고
넓은 바다에 붉은 물감 풀어
바라보는 가슴에 소망 심어주며
빛난 하루 준비하는 당신

동해에 드리운 낚싯대
둥근 거울을 건져 올려
중천에 매달아 놓고
꽃동네 달동네 차별 없이
세상 밝게 비추는 당신

해질녘 하루 접는 대지 위에
붉은 양탄자 넓게 펼쳐놓고
별 모양 달 모양 가위로 오려
화려한 밤하늘 준비하며
등댓불 밝히는 당신

당신은 누구십니까

그녀의 바가지

보름달 반으로 자른 것 같기도 하고
달항아리 반쪽 같기도 한 그녀의 바가지
항상 반쯤 물이 담긴 바가지
참 가볍고 연약해 보인다

바가지 가득 차기 전에 퍼주고
미리미리 여기저기 퍼주니
바가지에 물이 가득 찰 리가 없다

한결같이 피붙이에게만 퍼주다
말짱 쓸데없는 짓이었다고
나중에 실망할까 염려된다

어려운 시절 우리가 많은 도움받았듯이
어렵고 가난한 먼 나라 이방 민족에게도
그녀의 바가지 물이 흘러갔으면 좋겠다

내 님

단풍잎 작별 인사를 한다
좀 더 머물다 가라고 붙잡는 나에게
지금 떠나지 않으면
내년 봄에 다시 올 수 없다고
손 흔들며 갈 길 재촉한다

예쁜 모습 볼 수 없어 아쉽지만
잡았던 손 슬며시 놓고
내년 봄 기약하며 아쉬움 내려놓는다

내 님도 내년 봄에는 돌아왔으면 좋겠다
그 아리따운 모습 보고 싶어 눈 시린데
그 고운 음성 듣고 싶어 귀 아린데

한 번 떠난 내 님은 소식이 없다

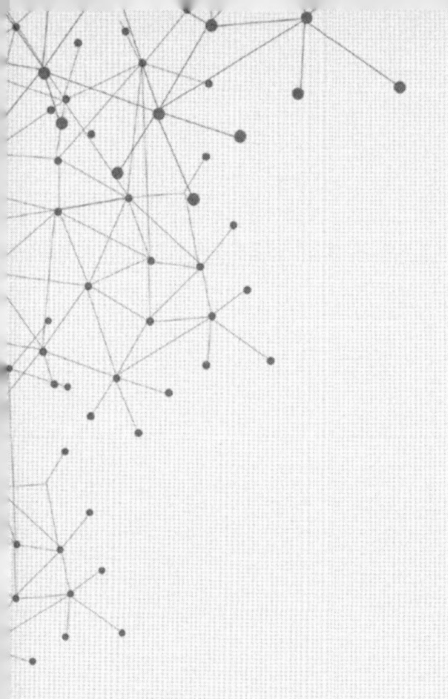

제3부

바람의 아들

까치밥 1

여름엔 신록에서 초록을 먹고
가을엔 들판에서 주황을 먹은
군침 돌게 하는 저 까치밥
겨울 되니 감나무에 홀로 남아
노을을 가득 머금고
누군가 기다리고 있다

가난한 자들과 들짐승 위하여
들판에 이삭을 남기는 농부들의 마음
목마르고 허기진 순례자에게
물과 빵을 거저 나누어 주는
산티아고 순례길 마을 사람들의 마음
사하라 사막 횡단하는 탐험가에게
차와 빵을 대접하는 베르베르인들의 마음

가장 맛있는 것 남겨두고
나를 기다리던 어머니의 까치밥
가장 좋은 것을 준비하고
나를 기다리는 당신의 까치밥

그물코

큰 물고기 작은 물고기
새끼 물고기까지
모두 잡아들이는
작은 그물코

세상에 그물을 드리울 때
작은 그물코를 고집했던 나

성취해야 한다는
욕심의 허울에 갇혀
모든 것을 쌓아 올리는
나의 선택이 최상이라고
착각하며 살아왔다

놓아 주고
남겨 주고
흘려보내는
큰 그물코 선택했다면
나의 인생 항로 달라졌을 텐데

단풍

아버지가 어머니 손에 쥐어준
겨자씨 한 알

척박한 민둥산에 심어진 겨자씨
때로는 목마름으로 때로는 허기짐으로
홍역으로 시들어 버릴 고비 넘기고
연두색 연약한 새싹으로 살아남았다

온 산 신록으로 장식한 불혹의 시절
산야 푸르게 덮던 넘치는 자신감
우거진 숲 바람처럼 휘감아 돌던 기개
길 줄만 알았던 푸르름도 경계에 왔다

가을에는 타오르는 불꽃 피워
화려하게 농익은 결실 보여주고
일몰 전 가장 붉은 노을 펼쳐
자신의 존재감 확실히 드러낸 후
가식의 옷 벗고 앙상한 가지로 견딜
기나긴 인동의 계절 준비해야겠다

하얀 국화

눈물이 강 되는 곳
슬픔이 바다 되는 곳
위로의 손길 필요한 그곳
묵묵히 물길 바로 잡으며
언제나 네가 서 있다

이해할 수 없는 일
받아들일 수 없는 일
하늘 무너져 내린 그곳에
말없이 대들보 받치고
언제나 네가 서 있다

한없이 흐르는 눈물 닦아 주고
주체할 수 없는 슬픔 위로하며
그들이 사실로 받아들일 때까지
언제나 그곳에 네가 서 있다

눈물이 하얗게 변하고
슬픔이 하얗게 변하고

그들의 마음에 평안함 찾아올 때까지
눈물 아닌 하얀 눈물의 미소
슬픔 아닌 하얀 슬픔의 미소 지으며
언제나 그곳에 네가 서 있다

너희들은 아니

너희들은 아니
커피 맛이 씁쓸한 이유를

동물 똥에 섞여 발효된
커피콩으로 만든 커피
맛있다고 비싸게 팔리니

원숭이 다람쥐 사향고양이
좁은 우리 속에 가두어 놓고
오직 커피 열매만 먹게 하여

우리를 미쳐 날뛰게 만들고
피부병 걸려 죽게 만드는
인간들의 못된 심성
너희들은 아니

즐겨 마시는 똥 커피 한잔 속에는
우리의 고통과 분노의 눈물
오롯이 녹아내려 쓴맛이 나는 것을
너희들은 아니

파도

대양이라는 큰 바다에도
고향 앞의 작은 바다에도
파도는 쉬지 않고 밀려온다
수천 년 전에도 그랬듯이
파도는 쉬지 않고 여전히 밀려온다

끊임없이 밀려오는 사랑의 파도를 보아라
꼭 닫힌 내 가슴 안으로
거침없이 밀려오는 은혜의 파도를 보아라
꽉 막힌 내 가슴 안으로

용서받을 수 없다고 생각할 때에도
은혜의 파도는 밀려온다

이해할 수 있다면 은혜가 아니다
가늠할 수 있다면 은혜가 아니다

항아리

항아리 빚어 놓고
자신의 걸작품이라고
흐뭇하게 미소 지었을
토기장이 당신

빚은 뜻대로
사용되지 못하고
마음대로 뒹굴어
금 가고
구멍 나고
깨어져서
생채기투성이가 되었어요

물도 채우지 못하고
곡식도 채우지 못하고
사랑도 담지 못한
허접스러운 항아리

나를 깨뜨리고
다시 빚어 주시면
안 될까요

지음知音

거문고 타는 백아
소리만 들어도 뜻 알아차린 종자기

나의 종자기는 누구인가
노래를 불러도 들어줄 친구 없고
시를 읊어도 느껴줄 친구 없네
나의 마음 읽어줄 친구는 어디 있나

숫돌에 낫 갈아
오동나무 작은 배 깎아
산뽕달 소나무로 따리 만들고
웃첨 왕대나무로 돛대 만들어
종이 돛 달아 고향 앞바다에 띄워
바람에 내 마음 맡겨볼까

바람의 아들

어렵사리 사랑을 고백했을 때
가슴에 들어와 앉은 바람의 아들
난 그것도 모르고
허허벌판 무던히도 헤맸네

좌로 가라고 하는데
미혹인 줄 알지 못하고
소리 나는 곳으로 향하고
우로 가라고 하는데
고혹인 줄 알지 못하고
빛이 나는 곳으로 향했네
나는 배반의 아들이었네

이제 바람의 소리 들리네
이제 바람의 외침 들리네

좋은 시절 헛되이 보내고
이제야 바람을 느끼네
이제야 당신을 느끼네

질주 본능

원산으로 달리고 싶고
신의주로 달리고 싶은
장단역 철마

임진강역에 발이 묶인 철마
질주 본능 참아내느라
심장이 시커멓게 타들어 가고
화병이라도 날 것 같은
뜨거운 가슴 주체할 수 없어
온몸 붉은 반점이 돋았다

오늘도 집으로 돌아가는 것 잊고
북녘 향해 두 눈 부릅뜨며
배턴 손에 꼭 쥐고
스타트 라인에 서서
출발 신호만을 기다린다

빠아앙 빠앙
덜컹덜컹 덜컹덜컹

큰소리로 외치며 메아리 부르고
총탄 뚫고 달렸던 기억 되새기며
중국 벌판까지 달리고 싶다
러시아 벌판까지라도 달리고 싶다

분리수거

어느 날
잠자리에서 일어나 보니
침대 발치에 평소보다 유난히 커 보이는
쓰레기통이 놓여 있었다
아직도 내게는 버려야 할 것이 많은가 보다

하기야
물질의 우상과 교만의 차돌 덩어리
가득 담겨 있는 가죽 보자기가
아직도 뱃속에서 버티고 있다
심장에 무성히 자란 털도 아직 깎지 못했다

승화원에 가면
분리수거할 거라곤
가벼운 오동나무 상자에 담을 수정 조각 몇 개
엄마가 빨래 삶을 때 쓰던 양잿물 조각 몇 개가
덜 식은 철판 위에 하얗게 놓여 있을 터인데
"그냥 담아 줄까요?"
"곱게 빻아 줄까요?, 거칠게 빻아 줄까요?"라고 묻는

두꺼운 마스크를 하고 하얀 먼지가 뿌옇게
온몸에 뒤집어쓴 직원이 물을 터인데

하얀 조각으로 담아 주나 가루로 빻아 담아 주나
흙 속에 들어가면
본래 왔던 그대로 흙이 되고 말 터인데

겨울나무 1

기나긴 침묵 속에 빠져든
천불동 계곡의 겨울나무
명상의 늪에 빠져 있는 듯해도
들을 것은 다 듣고 있다

산 넘어온 매서운 북풍
서글픈 노랫소리
얼음장 밑으로 조용조용 흐르는
물이 속삭이는 소리 들으며
잘도 버티고 있다

남쪽으로 고향 찾아간 철새
힘찬 날갯짓과 재잘거리는
고향 소식 기대하며
잘도 견디고 있다

따스한 봄바람의 노랫소리
연둣빛 새싹들의 재롱잔치
얼음장 위에 영상으로 그리며

매서운 추위를 넘어서
침묵하고 있다

광야

당신이 펼쳐주신 광야
나의 연약함
나의 능력 없음을 제대로 깨닫게 하여
나를 차돌처럼 단단하게
단련시키기 위해
당신이 오래전에 세우신 계획인 것을 압니다

우리 인생 가운데 펼쳐진 광야
질투하는 당신만 바라보고
당신만 의지하게 하기 위해
당신이 펼쳐주신 양탄자인 것을 압니다

광야를 경험하지 않고는
아무리 좋은 것 손에 쥐어줘도
이를 깨우쳐 알지 못하는 우리
바로 세우기 위해 염려하는
당신이 펼쳐주신 가나안인 것을 압니다

나에게도 광야를 선물로 주시고
슬기롭게 뛰어넘어야 할 지혜
이 시간에도 부어주심에 감사합니다

금낭화

바람 타고 산 위에서
들려오는 축복의 소리

복되도다
복되도다

구름 타고 하늘에서
내려오는 복주머니

그들의 것이다
그들의 것이다

앞산 기슭 빨랫줄에 걸린
여덟 개 복주머니
따서 마음에 담기만 하면
너의 복덩어리 된다고
금방울 흔들며 부르고 있다

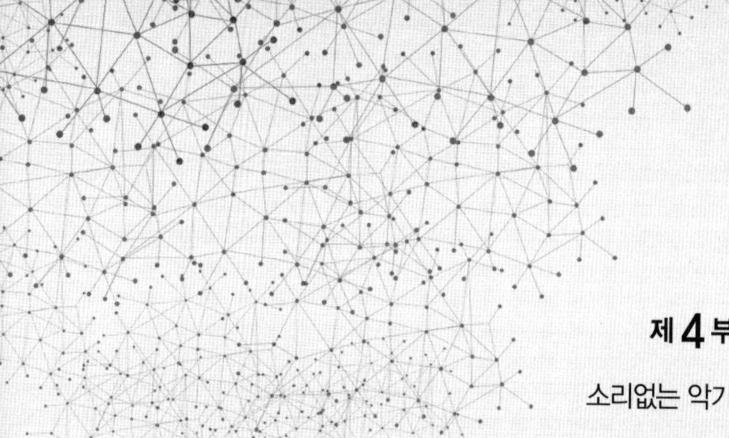

제 4 부

소리없는 악기

하얀 나비

상처 받은 꽃 외로운 꽃
찾아 나서는 하얀 천사

도시 거리를 활보하는 꽃들
아무 걱정 없이 행복해 보이고
표정은 여유까지 넘쳐나 보인다

구멍 난 가슴 메우기 위해
화사하게 치장하고 자신을 포장하지만
돌아오는 것은 허전함 뿐이다

이꽃 저꽃 찾는 하얀 천사
마음이 아픈 자에게는 위로를
사랑에 목마른 자에게는 사랑을
종종걸음으로 쏘다니느라 하루가 짧다

너는 어디서 온 천사인가
누가 보낸 위로자인가

금계국

동남아 어느 땅에서 왔는지
서유럽 어느 땅에서 왔는지
어느 대양 건너서 왔는지
다시는 묻지 않겠다

낯설고 물설은 이 땅에 시집와서
척박한 자갈길 도롯가에 뿌리내리고
둑길 콘크리트 블록의 좁은 틈새
촘촘히 뿌리내려 꽃 피웠구나

코스모스 피던 길가
약간 차지해도 괜찮다
아무 들판이라도 차지해도 괜찮다
뿌리내려 꽃 피운 것으로 가상하다
너도 이젠 이 나라의 꽃이다

얼굴색이 중요하지 않다
민족의 뿌리가 중요하지 않다
근원은 모두 흙에서 나왔다

언어가 서툴러도 괜찮다
흩어버리기 전에는 언어가 하나였고
너도 소중한 그분의 백성이다
너도 이 나라의 백성이다

소리 없는 악기

윤기 흐르는 상판대기 멀쩡한 울림통
단단한 케이스에 담겨 자부심도 있었고
멋진 무대에서 연주하는 꿈도 꾸었다

소리 제대로 맞추지 못한다고
불협화음 내고
협연자 나태함 탓하며
허송세월하고
연륜이 차면 중후한 소리 난다는데
핑계를 먹거리 삼아 나이테만 늘었다

웃고 싶을 때 마음껏 웃지도 못하고
울고 싶을 때 실컷 울지도 못하고
자신의 감정 추스르지 못해
세상에 감동 주지 못하는 악기

팔려 가기 전에
폐기되기 전에
영혼을 실은 소리 내어
작은 무대라도 한번 서봐야겠다

겨울나무 2

무지한 사람들은 생각한다
걸치던 옷 모두 잃어버리고
앙상한 알몸 추위에 담그고
처량하게 떨고 있다고

한때 화려하게 몸을 감쌌지만
거추장스럽게 느껴지면
미련 없이 훌훌 벗어던지고

다가올 새날 위하여
심신의 땟물 바람에 씻으며
윙윙 소리 내 눈물 흘리며
다시 채울 항아리 비우고 있다는 것
누구도 알지 못한다

살아가는 고비마다 추위를 보내
차돌처럼 단단한 돌로 다듬어
풍성한 열매를 맺게 하기 위해
나를 끊임없이 연단시키는 당신
누구인지 이제는 압니다

아름다운 이별

탄성 자아내게 하는 오색 단풍
어여쁜 오색 옷자락 속
많은 사연 담겨 있음을 아는 이 드물다

빨강 노랑 주황의 색상지
간직하고 싶은 사연도 많지만
높은 하늘 바라보며 애써 눈물 감추며
쓰라린 추억과 가슴의 상처 달랜다
아픈 마음 잊으려 쓸쓸히 거리를 구르며
이별을 다짐하는 단풍의 마음 알고 싶다

내 가슴에 불 지르지 말아 주세요
바람 따라 겨울로 가는 숲에 가고 싶어요
희로애락의 주사위 던지는 것 내려놓고
사랑과 미움의 동전 던지는 것 내려놓고
한 번이라도 제대로 용서하는 길 떠나고 싶어요

가지에 붙어 있으면 함께 소멸함을 간파하고
사랑하기에 자신을 버릴 준비하는 단풍

사랑하는 이 위해 이별을 고하는
그들의 아름다운 이별에 찬사를 보낸다

휘장이 찢어진 이유

볼리비아 데스 로드
해발 4,900m 정상 부근
두 팔 벌린 예수상 덩그러니 서서
데스 로드 내려다보고 있다

꽃다발과 촛불 향불 자국
다국적의 술병과 가공식품 통조림 캔
예수상 앞에 무수히 뒹굴고 있다
험난하기로 소문난 데스 로드
자전거 라이딩에 도전하는 수많은 청소년
예수님께 무사 완주 빌며
축원했던 흔적들이다

당신이 십자가에 못 박혀 돌아가실 때
성소 휘장 위로부터 아래까지 찢어져
둘로 갈라진 이유 알지 못하는 그들이다

못

나의 실수로 잘못 박힌 못
다시 빼느라 벽에 흉터 남기고
나의 서투른 못질로
벽을 깨뜨리며 박힌 못
삶 속에서 많은 잘못된 못질을 했다

벽에 잘못 박은 못질은 아무것도 아니다
가까운 사람의 가슴에 박은 크고 작은 못

그들의 가슴에 박은 뺄 수 없는 못
지울 수 없는 생채기로 남아있을
그 못 자국을
어찌할꼬

꽃비 2

이른 봄날
화사한 옷 차려입고
입가에 환한 미소 지으며
내게로 다가와서

겨우내 잿빛이 되어버린
가슴의 커튼 활짝 열어
분홍빛으로 물들이더니

이제는 손 내밀며
꽃비 맞으며 걷자고 하네

무언가 허전해
자꾸만 마음속에 감추었던
부끄러운 내 손

누구 손 한번
따뜻하게 잡아준 적 없는
온기 가신 내 손

누구 손 부여잡고
함께 울어준 적 없는
물기 마른 내 눈

보이는 게 다가 아니라며
손잡고 걷자고 하네

개화

눈 덮인 산하
꽁꽁 얼어붙은 대지
나무젓가락 꺾이듯 부러지는
메마른 나뭇가지
다시는 싹을 틔우지 못할 것 같았던
그 끝에서도
새싹은 고개를 내민다

왜란 호란 동란 사변으로
짓밟히고 찢어진 반도
다시는 회생할 수 없다고 단념했던
이 땅에서도
꽃들은 다시 얼굴을 쳐든다

가난의 보릿고개
못 배운 무지함에 한이 서린
먼저 살다 간 힘없는 그들이지만
온 힘을 다해 뿌리내리고
단단한 씨앗을 남긴 이 땅

흔들리는 세상
이 봄에도
어김없이 백화를 활짝 피워
우리를 위로한다

맨트 415 교도소

파란 하늘 푸른 바다
부여잡고 춤추는 초원
파란 바다 푸른 하늘
어우러져 뒹구는 초원
궁창 구분 없는 몽골 평원

푸른 하늘 해와 달 굴러가고
반짝이는 조각배 무수히 떠다닌다
파란 바다 양과 염소 헤엄치고
말과 소 물 위를 뛰어다닌다
하얀 게르도 구름 따라 둥둥 떠다닌다
검붉은 저녁놀은 화가의 붓놀림 소리
태고의 자연이 손 내미는 지평선

이 평안의 하늘 누가 돌을 던졌나
이 순수의 바다 누가 파문을 일으켰나
흐미의 이중 소리 야누스 얼굴 불러들였나
하늘밖에 보이지 않는 높은 담장 감옥
초원 한가운데 맨트 415 교도소 누가 세웠나

플라스틱이 세웠나
자동차가 세웠나
스마트폰이 세웠나

커피 한 잔

오늘 아침에도
블랙커피 한 잔 들고
화장실로 간다
좌변기에 앉아 마시는 커피
그 맛이 더욱 향기롭다

피와 살이 되기 위해
아직도 할 일 더 남아있다고
자기도 가치 있는 존재라고 외치며
사지로 버티며 나오지 않으려고 용쓰는 그를
한 볼때기 욕심껏 욱여넣었던 때는 잊고
배신의 유다처럼 끌어내리는 데만 기를 쓴다

나는 그를 밀어내려고
좌변기에 앉아 있는 것만은 아니다
오염된 내 혈액의 때를
혼탁한 내 마음의 때를
떨쳐버리고 싶은 간절함이
항상 잠재해 있기 때문이다

필요 이상으로 먹거리를 탐했고
취하지 않아도 되는 세상의 잡학
좁디좁은 머리에 구겨 넣으며
지식으로 착각했던 허다한 시간
유머를 한다는 명분으로 씨부렁거리고
얼굴에 철판 깔고 진실처럼 나불거렸던
가증스러운 나의 가볍고 얇은 입술이여

굵은 똥자루에 묻히어 어서 빠져나가라

고무줄

어머니 품에서 기저귀
감싸주던 고무줄
이순을 넘긴 지금까지도
속내의 흘러내리지 않게
붙잡아 준 고무줄

어느 날 샤워를 하다가 거울에 비친
허리에 그어진 고무줄 자국을 보았다

그간 고무줄 아닌 고무줄이
나를 끌어당기는 힘이 되어
중심을 잡아주고 있었다

덤벙대며 앞만 보고 나갈 때
무모하게 뒷걸음칠 때
교만으로 방방 뜰 때
허방으로 미끄러질 때
누군가 나를 붙잡아 주었다

보일 듯이 보이지 않는 고무줄
용서받기 힘든 나를 붙잡고
중심을 잡아 주었다니 놀랍다

땅끝

우수아이아

남미의 땅끝
오랫동안 신열 불러일으켰던
이곳으로 큰맘 먹고 왔다

나의 땅끝 어디인가
나의 허우적거림
나의 부끄러운 행적들
나의 포장된 교만의 뭉치
끝이 없는 가식의 넝마들이
긴 행렬을 짓고 그림자처럼
나를 따라오고 있다

로망이었던 지구 반대편 나라
남미의 땅끝 우수아이아 바닷가
모두 버리고 가겠다고 큰맘 먹고 왔지만
정체된 병목처럼 비워지지 않는다

나의 땅끝은 과연 어디인가요
허상의 틀마저 버려야 땅끝이 될까요
당신이 말씀해 주세요

엄마의 숲

엄마의 숲이 부른다
먹이지 못했던 아쉬움 아직도 남아 있는지
풍성한 숲의 산물로 진수성찬 준비하고
날마다 그윽한 음성 나를 부른다

엄마의 숲이 손짓한다
입히지 못했던 애처로움 아직도 남아 있는지
수목의 씨실과 날실로 고운 옷 손수 짜서
가냘픈 손 흔들며 나를 오라 한다

엄마의 숲이 노래한다
불러주지 못했던 자장가 아직도 남아 있는지
온갖 새들과 곤충들의 노래 반주 삼아
가녀린 목소리로 나를 위해 노래한다

제5부

사랑의 노래

입추

마당가 한데에 가마솥 걸어놓고
비지땀 연신 손등으로 훔치며
매운 연기에 눈물까지 흘린다

짚불 장작불 강약 조절해 가며
여름 내내 더위와 씨름하며
푸욱 고아 맛있게 익혀낸 가을
대문 앞에 서서 노크한다

노릇노릇 익은 그리움의 볼깃살
불긋불긋 익은 사랑의 사태살
누릇누릇 익은 기다림의 우둔살
가을의 문턱 넘어선 인내의 산물
화려하게 산야 장식할 날 기다려진다

한여름 밤 슬며시 담 넘어온 입추
밤을 적셔줄 분홍빛 소나타가 기대된다

길

길이 따라온다
그만 따라오라고
따라오지 않아도 된다고 손사래 쳐도
어릴 적 엄마 치맛자락 붙잡고
어디든지 따라가고 싶어 했던 나를 닮았는지
오늘도 여전히 따라온다

이젠 포장도로로 들어섰다고 생각했는데
비포장 자갈길이
울퉁불퉁 패인 흙먼지 길이
덜컹거리며 따라온다

쟁기질하는 자는 뒤를 돌아보지 말라는 말을 기억하고
뒤를 돌아보지 않으려고 애쓰나
자꾸 뒤가 돌아다 보이니 어찌할까

아직도 내게는
머리끝에서 발끝까지 덮인 검은 이끼가
벗겨지지 않았나 보다

길은 언제까지 나를 따라올까
아직도 풀지 못한 여정의 보따리가
많이 남아있나 보다

거울의 모노로그

난 내가 태어나지 말았어야 할 존재라고
생각할 때가 많다
내가 존재함으로 인해 사람들에게
비교하는 그릇된 눈높이를 제공하여
그들을 행복의 반대편으로 이끌었다

모두 세상에 하나밖에 없는
하나님의 걸작품으로 태어났는데
아름다움을 잘못된 잣대로 측정하여
세상이 아수라장으로 변하고 있다

외모지상주의가 판을 쳐 열등의식으로
많은 사람이 자신을 부끄러워하며
목숨 거는 뜯어고치기를 시도하여
아름다운 걸작품을 망가뜨리고 있다

모두 본의 아니게 내가 초래한 일들이다
세월이 흘러 내가 이 세상을 하직한 후에는
다시는 태어나지 않도록 기도하고 있다

사자

저 느릿느릿 걸어가는 사자 좀 보소
왕년에는 멋진 갈기 자랑하고
팔뚝 알통 드러내며 힘 과시하고
목덜미 힘주며 어깨 추켜올리고
대지 누비며 초원 호령했던 사자

바람같이 흩어지는 세월 주워 담지 못하고
어깨 굽고 허리 구부정한 몰골 되어
갈기 빠진 얼굴 불안정한 걸음걸이
지하철 타고 종로 3가로 모여든다

비좁은 탑골공원 주변 서성거리고
구불구불한 골목 거니는 늙은 사자들
지나간 추억 되새김질하러 왔을까
무얼 찾아서 날마다 이곳을 맴돌까

그들이 터벅터벅 걸어온 길만큼이나
길고 깊은 지하철역 에스컬레이터
오르내리는 무덤덤한 표정 속에서
세파의 애환과 고단함이 묻어난다

보름달

저 얄미운 마법사

쳐다보기만 하면
고향의 풍광 비추어 주고
엄마 얼굴 보고 싶도록
금방 마법에 걸리는 사람들

올 추석엔
얼마나 많은 사람들에게
귀소본능 마법을 걸어
고향으로 고향으로
내어 달리게 할까

들국화

북풍 불어오는 계절까지
들판에 남아서 떨고 있는
외로운 꽃이 있다

북녘 바람 타고 온
구름 영상으로 비춰주는
고향 산천 풍광 바라보고
바람에 실려 오는 세미한 음성
살아 계실 어머니 목소리
한 번이라도 들을 수 있다면

들판에 서서 추위에 떨어도 좋다
들판에 서서 말라 시들어도 좋다

산불

온 산 붉게 태우는 산불
불어오는 남풍 타고
계속 번지는 저 산불 보라

이 산에서 저 산으로 거침없이
산등성이 활짝 피어난
철쭉과 진달래 마구 태운다

연기 없이 퍼지는 저 산불
익호 장군 김덕령의 혼불인가
사유 많은 시인의 실화인가

여행

주변인이 묻는다
왜 그리 여행을 자주 하느냐고
나는 대답한다
고생은 사서 하는 것이고
색다른 것에 대한 지적 호기심
남보다 강해서라고

실제 나의 여행 목적은 다른 데 있다
스페인 병사 갑옷같이 단단하게
수십 겹으로 내 몸 둘러싸고 있는
허무의 갑옷 벗겨내려고 간다

스위스 나이프로도 독일 쌍둥이 칼로도
벗겨지지 않는 허무의 껍질
페루의 거친 자갈밭 사막 뒹굴어도
칠레의 라고 그레이 미친바람 맞서도
벗겨지지 않는 허무의 굴레

내 생애 내내 짊어지고 가야 할
지울 수 없는 숙제인가

까치밥 2

다 주어 버리고
다 벗어 버리고
추위 이기고 서 있는 겨울나무
꼭대기 붉디붉은 방울
매달려 있네요

어두운 시절 고개 넘을 때마다
가시고기 사랑 펼치고
한 줌 하얀 가루로 스러져간
아버지 눈짓인가요

어려운 시절 언덕 내려갈 때마다
살모사 사랑 드러내고
앙상한 피골만 남기고 저물어간
어머니 손짓인가요

우리 허물 씻어 주기 위해
나무에 매달려 피와 물
모두 쏟아내고 다시 살아난
당신의 미소인가요

능소화

님 없으면 나도 없어요
님 없는 세상 생각할 수 없어요
담장 아무리 높아도 오를 수 있어요
내 님 다시 볼 수 있다면

바람 불어 쓰러져도 좋아요
불볕더위 나를 태워도 좋아요
몸에 생채기가 나도 오를 수 있어요
내 님 바라볼 수 있다면

하룻밤 단꿈이라도 좋아요
지나가는 소나기 사랑이라도 좋아요
구중궁궐 높은 담장도 오를 수 있어요
내 님 뒷모습이라도 한번 볼 수 있다면

사랑의 노래

거친 목소리로 부르던
당신 향한 사랑의 노래
음정 아름답지 못해도
당신의 굵은 체 가는 체
나의 거친 목소리 걸러
부드럽고 고운 가루
만들어 주실 줄 압니다

세상 속에서 탁한 공기 즐기며
바쁜 걸음 헐떡이며 만족하고
별것 아닌 일에도 투박한 소리 내며
당당한 당신의 자녀인 양 착각했습니다
불규칙한 심장의 고동 울리며
당신 향해 부르는 흔들리는 목소리도
코끼리 귀 닮은 당신의 큰 귀로
아름다운 선율로 걸러 들으실 줄 압니다

세상 번쩍거리는 것에 한눈팔고
세상 달콤한 것에 몸 상할 때

거센 파도 지치고 넘어질 때도
당신의 큰 쿠션으로 균형 잡아
천상의 화음으로 만들어 들으실 줄 압니다

숟가락

젓가락에게 시집온 그녀
입술만 보면 떠먹여 주고 싶고
맛있게 먹는 입 보며 사랑을 느낀다
살리미 나누미 베푸미 도우미
그녀는 별명이 아주 많다

누가 알아주지 않아도
위축되거나 비굴하지 않고
묵묵히 귀퉁이에 머무르며
자신의 일 감당해내는 그녀

넙죽넙죽 이유식 받아먹는 아기를 보며
미소 짓고
나그네 허기진 배를 채워주며
보람을 느끼고
난민 수용소에서 굶주린 배 채워주며
나눔을 실천하는 그녀

조건과 상황을 차별하지 않고

영양 공급하며 생명을 살리고
허기 채워주며 목숨을 구한다
어디든지 뛰어들어 사랑을 실천하는 그녀

마스크

보이지 않는 심판
반칙 선언 호루라기 소리도 없이
옐로카드 들어 경고 보내고
레드카드 들어 그라운드 밖으로
영원히 퇴장시킨다

말의 노예 되어 넘쳐나는 말 말 말
말의 홍수 댐을 허물어
혀끝에 화살 달고 날아가
남의 심장을 찌르고
입술에 창칼 달고 휘둘러
가슴의 상처 헤집는다

온종일 재잘거려도
꼬막 껍데기 하나도 채울 수 없는
가치 없는 말들 남발한다

사전 예고 없는 심판
집달리도 보내지 않고

모두의 얼굴 차압을 붙인다

말에도 여백을 두라는
입도 쉴 기회를 주라는

아서라

동녘에서 서녘을 바라보나
서녘에서 동녘을 바라보나
해와 달의 교차는 항구하다
그 운행 누가 막으랴

마음 고쳐먹는다고
바뀔 일 아닌 것이
한둘이 아니다

그림자 싫다고 밤길 걷느냐
비 내린다고 육교 밑 걷느냐
들판을 뒹구나
바다에 뛰어드나
세상 속 허우적거림은 똑같다

아서라
비우고 살자
당신이 가란 대로 가겠습니다

해설

| 해설 |

나와 꽃과 어머니와 그리고

—배종선 시집 《사랑의 노래》

공광규

(시인)

1.

시인들의 시집을 읽을 때마다 특정 제재나 주제, 어휘가 자주 눈에 띄는 경우가 있다. 시를 쓸 당시 시인들의 관심사이기도 하고, 그 시인이 평생 밀고 가는 세계의 한 축이거나 복판일 수도 있다는 생각이 든다. 배종선 시집 원고를 읽어가면서, 역시 같은 생각이 들었다. 그의 창작 방법을 특정할만한 눈에 자주 들어오는 어휘와 방식들이 돋보인다.

나, 꽃, 어머니였다. 그의 시들 가운데 꽃과 어머니를 제재로 한 시들이 대체로 형상성이 높다는 생각이다. 시가 자아의 고백이자 경험의 확장이라고 하였을 때 배 시인은 '나'를 중심으로 꽃과 어머니에 대한 경험과 어휘를 원심 가까이 두고 시의 제재와 의미 영역을 확장해나가는 경향이 보인다. 이는 배종선 만의 제재와 어휘의 특성, 더 나아가 개성으로 봐도 되겠다.

인생의 주제는 영원하고 살아가는 방법만 다르다. 따라서 문학에서, 시에서 인생을 해석하고 해설하고 비평하고 비유하는 방식도 마찬가지다. 문학의 주제는 영원하고 방법만 다를 뿐이다. 이러한 원리를 우리는 다양한 시적 형상 방법을 구사하는 배종선의 시에서도 확인할 수 있다. 시인은 이번 시집에서 춥고 삭막하고 척박한 환경을 이겨내고 핀 꽃과 꽃으로 비유되는 어머니를 중심으로 한 인물들과 민족, 그리고 관념의 의인화와 인식론적 사유 등을 경이로운 눈으로 다채롭게 펼치고 있다.

2.

시 〈꽃비 1〉은 만개한 꽃이 바람에 지는, 마치 비처럼 쏟아지는 모습을 형상하고 있다. 꽃비는 이미 시중에서 꽃이 지는 늦봄에 많이 비유적 표현으로 사용하고 있어서 그렇게 새로운 표현은 아니다. 그러나 꽃이 흩날리는 현상으로만 끝나지 않고 현상을 인생의 무상성으로 재의미화 하면서 이 시는 성공을 거두고 있다. 누구나 쉽게 다 아는 보편적인 어휘를 재의미화 할 경우 오히려 시의 성공 확률이 높아진다.

삼동의 추위
말없이 견디다가

햇살의 손짓 아래
혼신의 힘 다해
클라이맥스 연출한 너

오늘은
자신을 바람에 맡기고
나를 보며 한마디 한다

천년만년 살 것처럼
이것저것 모두
붙잡으려 하지마

별것 아니야

— 〈꽃비1〉 전문

이 시 전반부 2연까지는 화자인 '나'가 꽃을 묘사한다. 그러나 3연부터 꽃이 주체가 되어 화자인 '나'에게 말을 거는 형식이다. 봄날 혼신을 다해 활짝 피었던 꽃이 클라이맥스까지 아름다움의 극치를 보이다가 3연에 와서는 바람에 자신을 맡기고 말을 거는 것이다. 영생할 것처럼 이것저것 붙잡으려고 아등바등 살지 말라고. 인생이라는 것이 거기서 거기라는 시인의 세계관이 적실하게 투영되고 있다.

이처럼 시는 사물이나 사건에 자기의 세계관을 투영시키는 것이 보편적 방법이다. 시인의 세계관을 투영하는 사물로 화초를 사용한 것은 오래된 방식이다. 아마 시가 발명되면서 화초가 객관적 상관물로 가장 많이 쓰였을 것이다. 우리의 한시 등 옛 시들을 살펴보면 자신의 심정을 화초에 비유한 것들이 많은 것을 알 수 있다. 물론 현재 시인들도 잊지 않고 있는 방법이다.

시 〈야생화〉는 "아스팔트 틈새 뿌리내려/ 꽃 피운 외로운 꽃"에 '어린 나이에 가족의 생계에 보탬이 되기 위해 도시로 떠난 청년'을 비유한 것이다. 1~2연에서 야생화를 계속 묘사하다가 3연에서 시인의 의도를 드러내고 있다. 시인의 시적 전술과 시적 구성이 돋보이는 시다. 의도가 쉽게 드러나는 시지만 이런 방법조차 안 되어 독자의 외면을 받는 요즘 시들이 빈번하다.

식구 많아 입을 덜기 위해서였나
배우고 싶어도 배움 길 중단하고
아직도 사랑을 받아야 할 시기
열다섯 붉은 볼 앳된 나이
허허벌판에 던져진 꽃

— 〈야생화〉 부분

구성의 보편성에 점수를 많이 주고 싶은 이 시가 말하려는 것은 위에 인용한 부분이다. 식민지를 겪고 얼마 안 되어 겪은 6 · 25 전쟁으로 폐허가 된 국토에서 절대 가난의 시절이 있었다. 지금으로부터 그리 멀지 않은 과거다. 식구가 많아서 입을 덜어야 했고, 진학을 포기 해야 했다.

빌딩은 이런 청년들의 희생을 딛고 쑥쑥 숲을 이루듯 솟아나지만, 도심의 이 골목 저 골목에는 가족이 가난의 질곡에서 벗어나야 한다는 소망을 가슴에 품고 종종걸음을 걷고 있는 청년들이 있다. 이들은 어쩌면 빌딩 뒷골목 콘크리트 틈새에 뿌리를 내리고 자라서 피워내는 야생화 같다. 이들이 감질난 비에 목 축이듯" 고단한 삶을 살아가지만, 나름의 '무지갯빛 꽃'을 피워올리니 대견할 뿐이다.

동남아 어느 나라 땅에서 왔는지
서유럽 어느 땅에서 왔는지
어느 대양 건너서 왔는지
다시는 묻지 않겠다

낯설고 물 설은 이 땅에 시집와서
척박한 자갈길 도롯가에 뿌리내리고
둑길 콘크리트 블록의 좁은 틈에
촘촘히 뿌리내려 꽃 피웠구나

코스모스 피던 길 가
약간 차지해도 괜찮다
아무 들판이라도 차지해고 괜찮다
뿌리내려 꽃 피운 것으로 가상하다
너도 이젠 이 나라의 꽃이다

얼굴색이 중요하지 않다
민족의 뿌리가 중요하지 않다
근원은 모두 흙에서 나왔다
언어가 서툴러도 괜찮다
흩어버리기 전에는 언어가 하나였고
너도 소중한 그분이 백성이다
너도 이 나라의 백성이다

— 〈금계국〉 전문

결혼이주를 통해 다문화가정을 형성하고 있는 가구원은 2019년 100만 명을 넘었고, 인구의 2%정도가 된다고 한다. 이 시는 길가에 핀 금계국을 통해 결혼이주를 한 여성을 비유하고 있다. 동남아든 서유럽이든 어디서 왔든지 묻지 않고 민족을 인종을 묻지 않겠다는 것이다. 척박한 땅에 잘 적응하여 결국 이 "나라의 백성"이 되었다는 배 시인의 인간에 대한 포용적 자세와 평등한

관념이 시를 통해 여실히 드러난다.

그러나 아직은 우리 사회에서 차지하는 비율이 낮은 다문화 가정은 낯선 것이며, 다른 시선과 편견이 있을 수 있다. 시인은 이런 시선과 편견을 넘어야 한다는 인본적 의지와 의도를 금계국을 통해 드러내고 있는 것이다. 이곳저곳 외국에서 "낯설고 물설은 이 땅에 시집와서" 국토 이곳저곳에서 가정을 이루고 살 듯, 금계국도 북아메리카에서 들어와서 "척박한 자갈길"이나 도로가, "둑길 콘크리트 블록" 틈새에 뿌리를 내려 꽃을 피우고 있는 외래종이다.

외래하여 토착화 중인 결혼이주민과 금계국을 나란히 놓는 병치의 방식을 활용하고 있다. 금계국은 이제 여름에서 가을까지 전국 어디서나 핀다. 코스모스가 대부분 덮고 있던 전국의 도로가와 언덕에서 환하다. 사실 우리나라가 단일 민족이라고는 하지만 이민족과 섞인 사례는 많다. 또 나라와 백성은 다인종과 다민족이 모여 있는 사회적으로 정의되는 집단이나 구성체이다. 전문가들에 의하면 우리 민족은 단일 민족이라고는 하지만 70%의 북방계와 30%의 남방계가 섞여있다고 한다.

얼굴색이 중요하지 않고, 민족의 뿌리가 중요하지 않다는 시인의 의도를 드러낸 화자. 인간의 근원은 모두 흙에서 나왔고, 언어가 서툴러도 괜찮고, 민족이 흩어져 이동하기 전에는 이미 언어가 하나였다는 화자. 화자를 통해 다문화가정을 이룬 외래 여성에게 당연히 "이 나라의 꽃"으로 정의해주는 시인의 사회적이고 역사적 안목, 세계사적 안목이 돋보인다.

왜란 호란 동란 사변으로
짓밟히고 찢어진 반도
다시는 회생할 수 없다고 단념했던
이 땅에서도
꽃들은 다시 얼굴을 쳐든다

가난의 보릿고개
못 배운 무지함에 한이 서린
먼저 살다 간 힘없는 그들이지만
온 힘을 다해 뿌리내리려고
단단한 씨앗을 남긴 이 땅

— 〈개화〉 부분

이와 같이 〈개화〉는 꽃을 통해 인고의 역사 속에서도 사라지지 않는 우리 민족의 끈기를 겨울을 지내고 해마다 피는 꽃에 비유하고 있다. 겨울이 오면 대지에 눈이 덮이고 추위로 꽁꽁 어는 한반도, 혹한으로 부러지듯 언 나뭇가지에서 다시는 싹이 날 것 같지 않지만, 다시 나뭇가지에는 새잎이 대지에는 새싹이 난다. 마치 우리 민족이 이와 같은 인고의 세월을 겪으며 유지해 온 것이다.

수많은 외침과 내란에서도 봄날의 꽃처럼 일어서고 가난과 무학을 넘어 혼신의 힘으로 살아나 인고의 뿌리와 "단단한 씨앗"을 남긴 민족의 대지라서 세상이 어떻든 봄이 오면 꽃을 피운다는 것이다. 시인의 단단한 민족의식이 화자의 발화를 통해 꽃에 투영되고 있다. 요즘 시에서 찾아보기 힘든 시인의 민족관이 형상이라는 시적 장치를 통해 한껏 발휘되고 있다.

3.

배종선은 꽃과 어머니를 같은 비유 체계로 활용한다. 〈방천물에서-석화石化〉〈벚꽃〉〈들국화〉〈보름달〉 같은 시의 유형들이 그렇다. 시인이 시적 대상인 꽃을 보았을 때 시적 대상에서 어머니가 환기되기 때문일 것이다. 그러니까 어머니가 늘 시인의 뇌리에 자리를 잡고 있다가 시적 대상을 만났을 때, 어린 시절부터 정서적 유대와 접촉이 가장 많았던 어머니와 함께 했던 경험이 홍기하는 것이다.

이것을 보면 앞에 인용한 시 〈개화〉나 〈금계국〉이나 〈야생화〉에서 활용했던 전경후정前景後情의 우리시의 전통적 방식에 숙달된 시인 것을 알아차릴 수 있다. 그리고 이런 방식에서 거의 시적 성공을 거두고 있다. 이를테면 석화/어머니, 벚꽃/어머니, 들국화/어머니, 보름달/어머니로 대응시켜 시를 끌고 나가는 것이다.

저 얄미운 마법사

쳐다보기만 하면
고향의 풍광 비추어 주고
엄마 얼굴 보고 싶도록
금방 마법에 걸리는 사람들

올 추석엔
얼마나 많은 사람들에게
귀소본능 마법을 걸어
고향으로 고향으로
내어 달리게 할까

— 〈보름달〉 전문

보름달은 얄미운 마법사다. 얄밉다니, 강조를 위한 역설이다. 보름달은 엄마의 얼굴을 보고 싶도록 사람들을 자극하기 때문이다. 과학적으로도 추석의 달이 가장 크게 보인다고 한다. 보름달은 화자에게 유년의 추석명절을 환기시켜준다. 어머니는 뱃속에서도 체온을 나누고 영양을 나누지만, 성장하면서 어머니가 생각나는 것은 거의 음식이라고 한다.

추석은 가장 많은 음식이 차려지는 날이고 자연적 배경으로는 보름달이 뜬다. 그러니 보름달을 보면 추석이 아니라도, 추석의 보름달과 어머니와 음식이 동시에 생각나는 것이다. 그리고 하나 더 일상과 다르게 새 옷과 집안에 몰려오는 사람들인 것이다. 이런 것들은 일상에서는 불가한 것이므로 그리움의 대상이 된다. 아무튼 보름달은 귀소본능의 마법을 거는 마법의 달이다.

시 〈방천물에서-석화〉는 돌에 붙어 자라는 굴의 한자말인 석화를 통해 어머니를 비유한다. 이곳저곳 자료를 찾아보면 석화는 옛날부터 중국에서 양식되었고, 또 BC 1세기에는 나폴리에서도 양식했다고 한다. 그러니 석화 양식은 오래된 역사다. 성숙한 석화는 5~8월이 산란기이며, 새끼인 유생이 바닷물에 떠다니다 0.4㎜ 정도로 자라면 바위에 부착하기 시작한다고 한다.

화자의 어머니도 석화의 유생이 떠다니다 바위에 붙어 석화를 피우듯 "가슴에 품었던 사랑의 씨앗/ 바닷속 돌부리에" 붙어 세파로 비유되는 "밀물과 썰물"에 잘 견뎌서 "한 송이 작은 돌꽃"으로 피어난 것이다. 이 작은 돌꽃은 모진 추위를 견디며 열매를 맺어낸 것이니 분명 강인하고 "암팡진 돌꽃"이다.

> 좁은 가슴 짜내서 자식들 키우고
> 마른 옆구리 저미어 살찌게 하고
> 마음 방을 흔들어 사랑을 심어 주었다
>
> 가진 것 모두 다 아낌없이 퍼주고

말없이 우리 곁을 떠난 석화
동네 어귀 하얀 패총으로 남아
아름답게 피어있는 어머니꽃

— 〈방천물에서-석화〉 부분

결국 석화는 어머니 꽃이다. 무한한 사랑으로 애가 타도록 가슴을 조이고 짜내며 자식들을 키우고, 결국은 속살을 마지막까지 다 자식들에게 내어주고 굴껍데기로 버려지는 게 어머니다. 그러나 하얀 껍데기로 남은 어머니의 '희생의 무덤'은 아름답다. 살이 다 무너져 내린 사람의 뼈처럼 하얀 껍데기만 패총으로 남은 석화는 바로 어머니의 꽃인 것이다.

시인은 아름다운 희생의 산물인 석화로 남은 어머니의 음성을 듣고 싶어 한다. 들국화는 가을 늦게까지 피어있는 꽃이다. 서리가 내려 잎이 시들어도 꽃은 남아있는 경우가 많다. 그야말로 "북풍 불어오는 계절까지/ 들판에 남아서 떨고 있는/ 외로운 꽃"(〈들국화〉 부분)이다. 화자는 이런 "들판에 서서 추위에 떨어도 좋고 말라 시들어도 좋으니 살아계실 적 어머니 목소리 한번이라도 들 수 있다면" 좋겠다고 한다.

오세요
어머니
오월이에요

어머니 좋아하시던
수국 사방에 피었네요

대낮이 너무 밝아 눈이 부시면
보름달 풍선 창공에 띄워 타고
오늘 밤에 오세요

보름달이 너무 밝아
헤라의 질투 염려되면
그믐달 조각배 하늘에 띄워 타고
어두운 밤에 오세요

대문 방문 모두 열어놓고
기다릴게요
꿈속에서도 자지 않고
기다릴게요

— 〈어머니〉 전문

수국이 사방에 피는 오월에 어머니를 호출한다. 어머니가 좋아하시던 수국이 사방에 피었다고. 아마 화자의 어머니는 저 세상으로 돌아가셔서 우주의 어느 귀퉁이에 계신 것으로 보인다. 화자는 대문이나 방문을 모두 열어놓고 꿈속에서도 기다릴

거니까 오시라는 것이다. 밝은 낮에 오기 힘들면 달밤에, 그것도 밝은 달밤에 오기 힘들면 그믐달이 뜨는 어두운 밤에 오시라는 것이다. 애절하게 호소하는 '오세요'라는 어휘와 어머니가 반복되면서 수국꽃과 어머니의 어떤 상관관계가 그려진다.

> 넓은 세상 나들이 하고
> 자손들 사는 모습 궁금하여
> 살며시 지상에 내려오신
> 딸 바보 아들 바보 우리들의 어머니
>
> — 〈벚꽃〉 부분

시인은 개인의 어머니만 회고하거나 상상하고 호명하는 게 아니다. 봄날 화사하게 핀 벚꽃을 보며 "우리들의 어머니"를 환기하고 호명한다. 여기서 어머니는 "봄을 몰고 오신" 다중의 어머니다. 돌아가셔서 봄날 벚꽃으로 환생하여 하얀 치마와 연분홍빛 저고리를 곱게 차려입고 온기를 품은 봄을 몰고 오는 어머니는 특정 개인의 어머니가 아닌 "우리를 이 땅에 우뚝 서게 하신" 세상의 어머니인 것이다.

5.

배종선 시인은 나, 자신, 자아를 "허접스런 항아리"로 "토기장이 당신"을 하나님이나 절대자, 창조자로 비유하여 "나를 깨뜨리고/ 다시 빚어 주시면/ 안 될까요"하고 청탁하거나(〈항아리〉), "입동이/ 마을 이장이 되어 외치고 다닌다"(〈입동〉)며 관념을 의인화 한다. 〈족저근막염〉에서는 발이 화자에게 제대로 대접해주지 않는다며 "두런거리는 소리"를 듣는다. 〈겨울나무 1〉에서 "천불동 계곡의 겨울나무"는 "명상의 늪에 빠져 있는 듯해도/ 들을 것을 다 듣고 있다"라고 한다.

그런가하면 〈단추〉에서는 "채워야 할 단추를 채우지 않아/ 내 삶에서 빠져나간 것이 많다"는 깨달음, 인식론에 도달하기도 한다. 〈이슬〉에서는 "세상에서 가장 아름다운/ 사랑의 물방울"은 이슬이며, 이 작은 물방울 속에 "무한한 생명의 신비가 감추어져 있다"라고 한다. 이 작은 생명의 물방울 속에서 거대한 우주를 발견한다.

이런 경이롭고 다채로운 시선을 가진 배종선의 시들 가운데 꽃과 어머니를 제재로 한 시들이 대체로 형상성이 높다는 것을 확인하였다. 그는 '나'를 중심으로 꽃과 어머니에 대한 경험과 어휘를 원심 가까이 두고 시의 재재와 의미 영역을 민족이나 다문화가정, 절대자 등으로 확장해가고 있다. 대체로 춥고 삭막하고 척박한 환경을 이겨내고 핀 꽃과 꽃으로 비유되는 어머니를 중심으로 한 인물들, 그리고 관념의 의인화와 인식론적 사유를 펼치고 있는 것이 그의 시 특징이라고 할 수 있다.

계간문예시인선 162

배종선 시집 _ 사랑의 노래

초판 인쇄 2020년 12월 10일
초판 발행 2020년 12월 15일

지 은 이 배종선
회 장 서정환
발 행 인 정종명
편집주간 차윤옥

펴낸곳 도서출판 계간문예
편집부 03132 서울 종로구 삼일대로 30길 21 종로오피스텔 1209호
주소 03132 서울 종로구 삼일대로 32길 36 운현신화타워 305호
전화 02-3675-5633 팩스 02-766-4052
인쇄 54991 전북 전주시 완산구 공북1길 16, 신아출판사
이메일 munin5633@naver.com
등록 2005년 3월 9일 제300-2005-34호
ISBN 978-89-6554-229-2 04810
ISBN 978-89-6554-118-9 (세트)

값 10,000원

잘못 만들어진 책은 바꾸어 드립니다.

이 도서의 국립중앙도서관 출판예정도서목록(CIP)은 서지정보유통지원시스템 홈페이지(http://seoji.nl.go.kr)와 국가자료공동목록시스템(http://www.nl.go.kr/kolisnet)에서 이용하실 수 있습니다. (CIP제어번호: CIP2020052130)